BATH
time

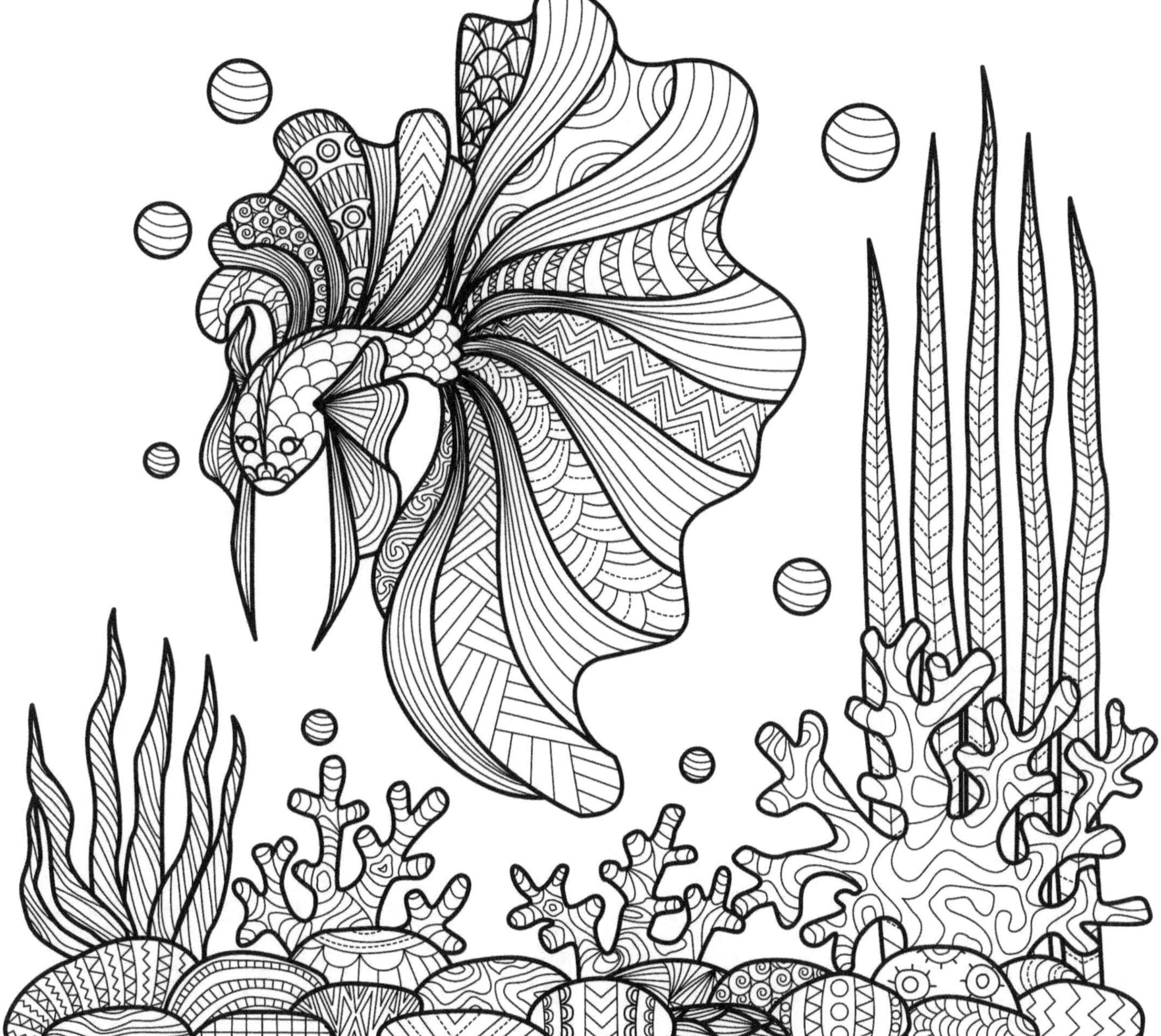

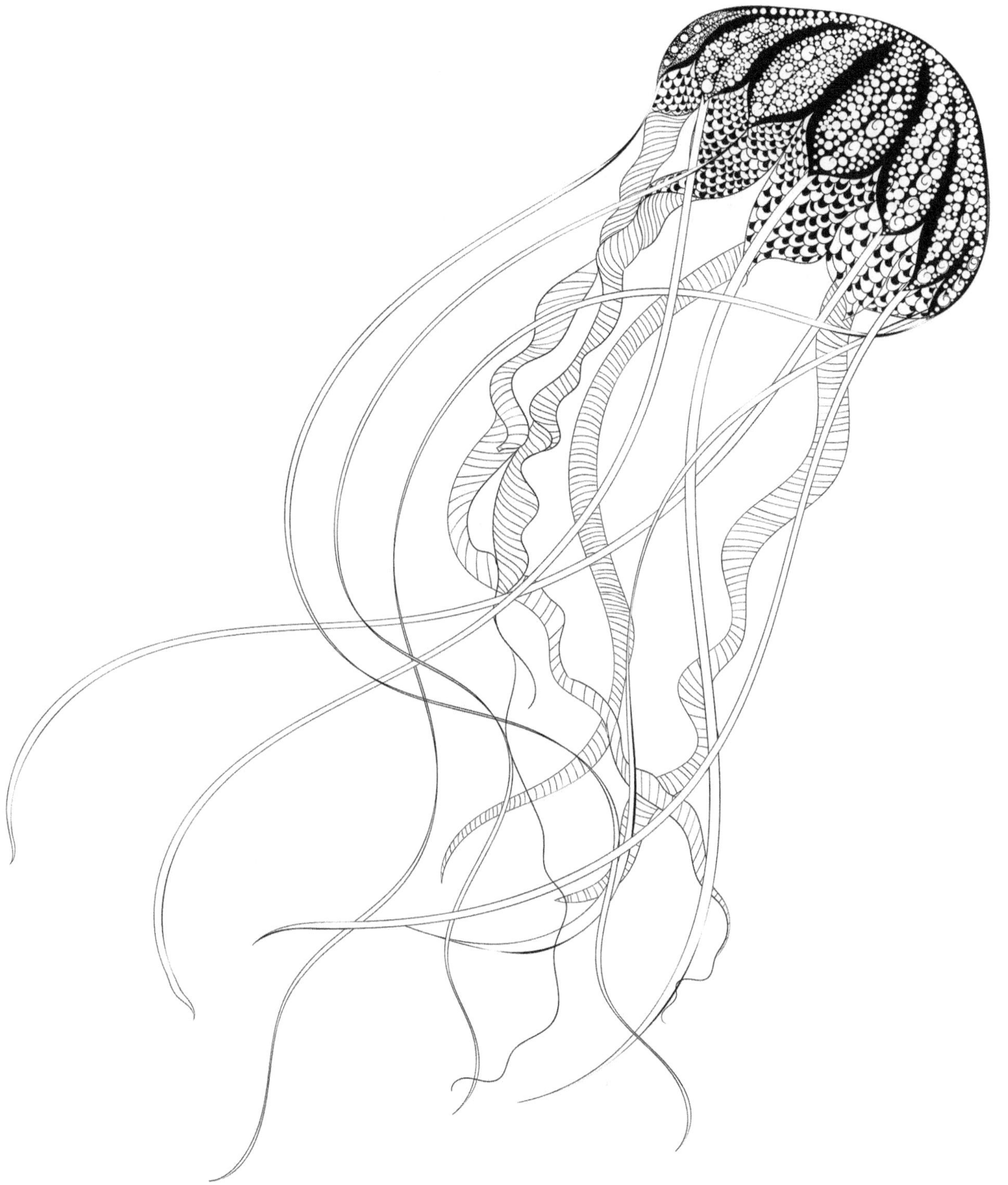

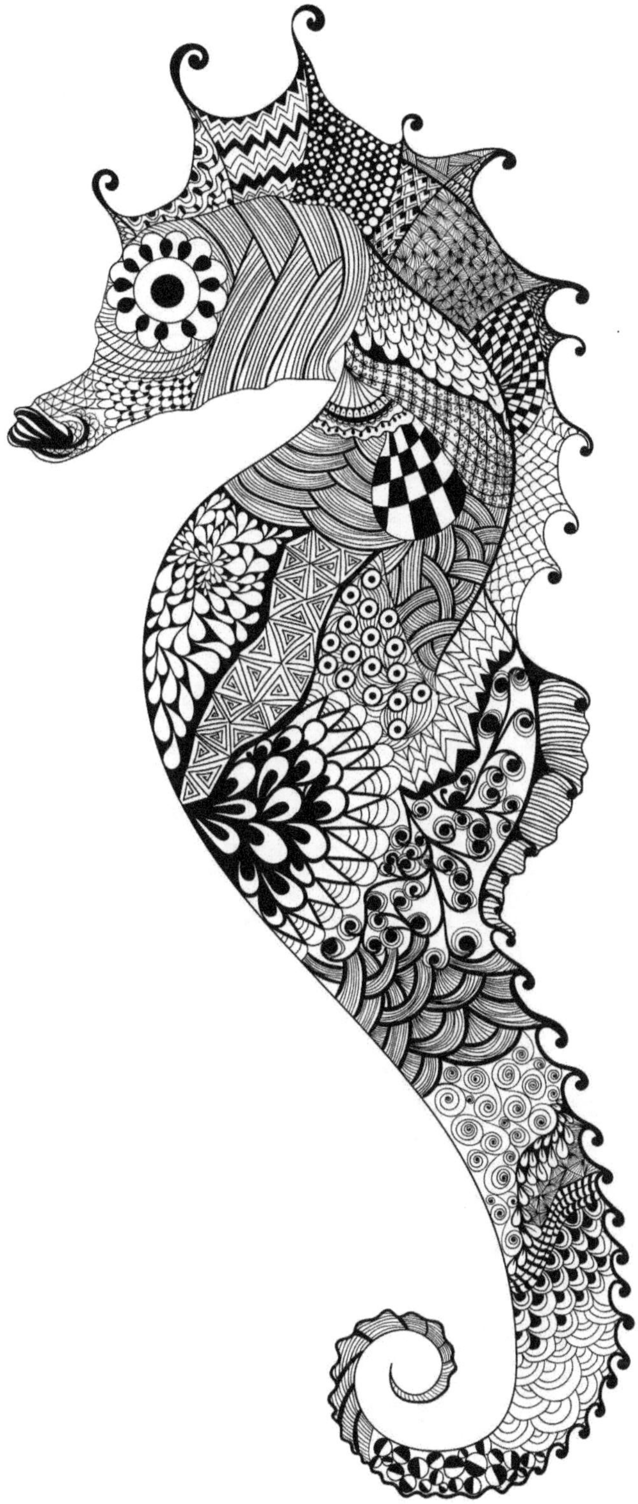

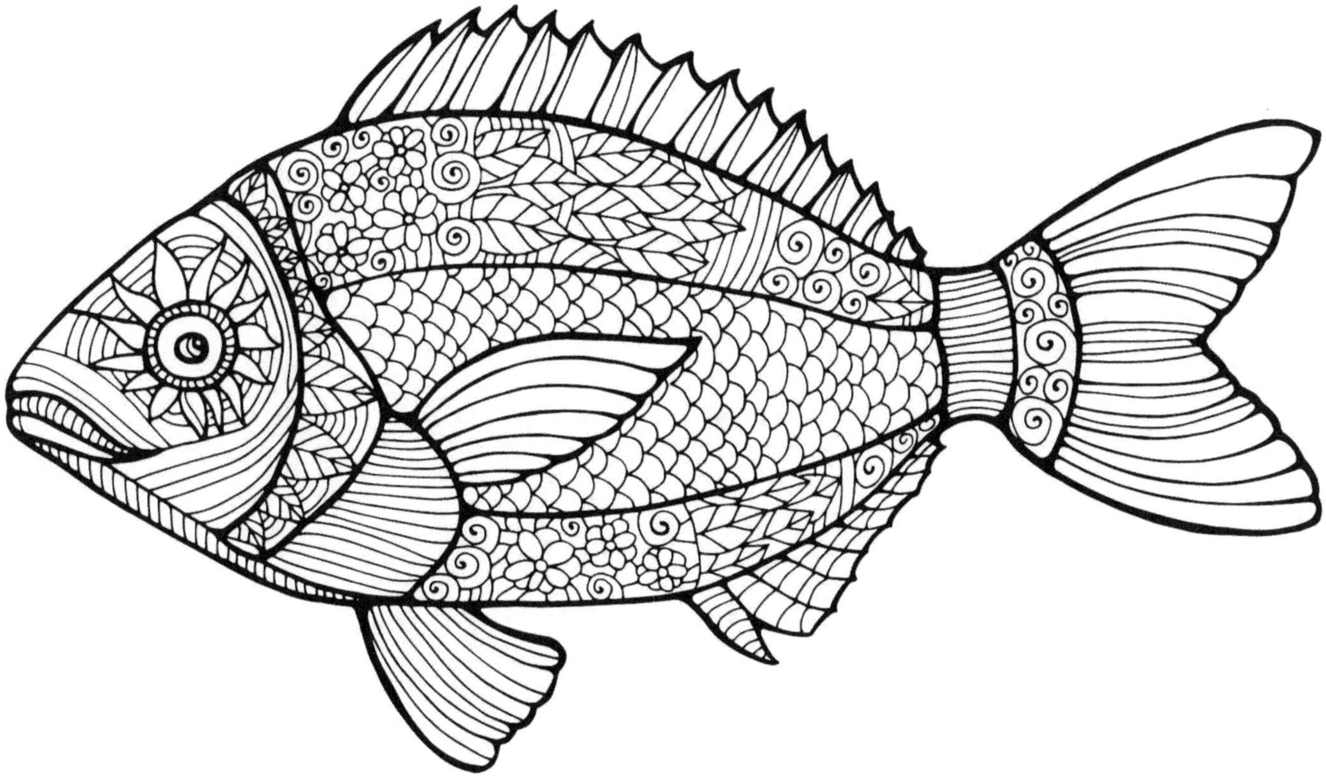

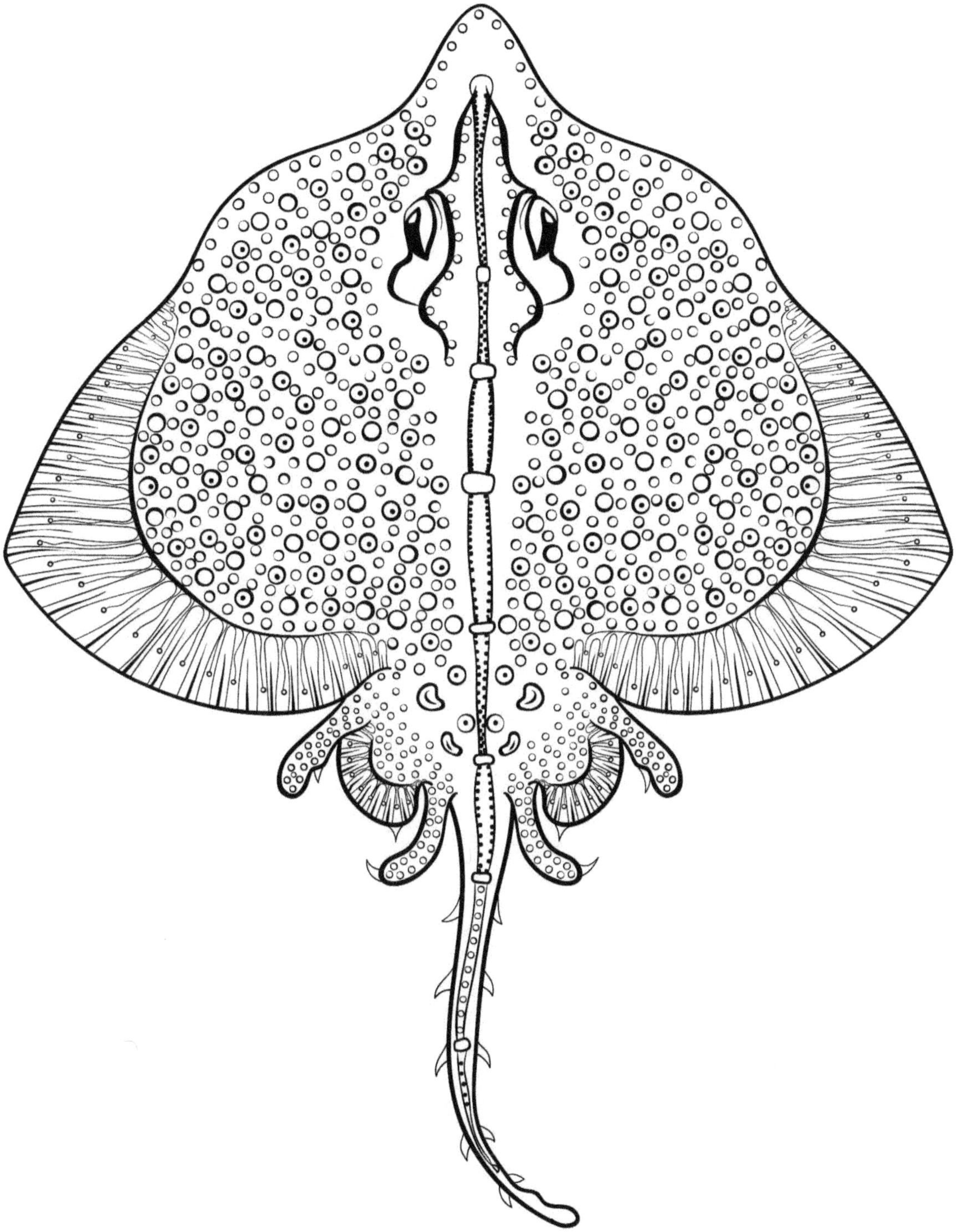

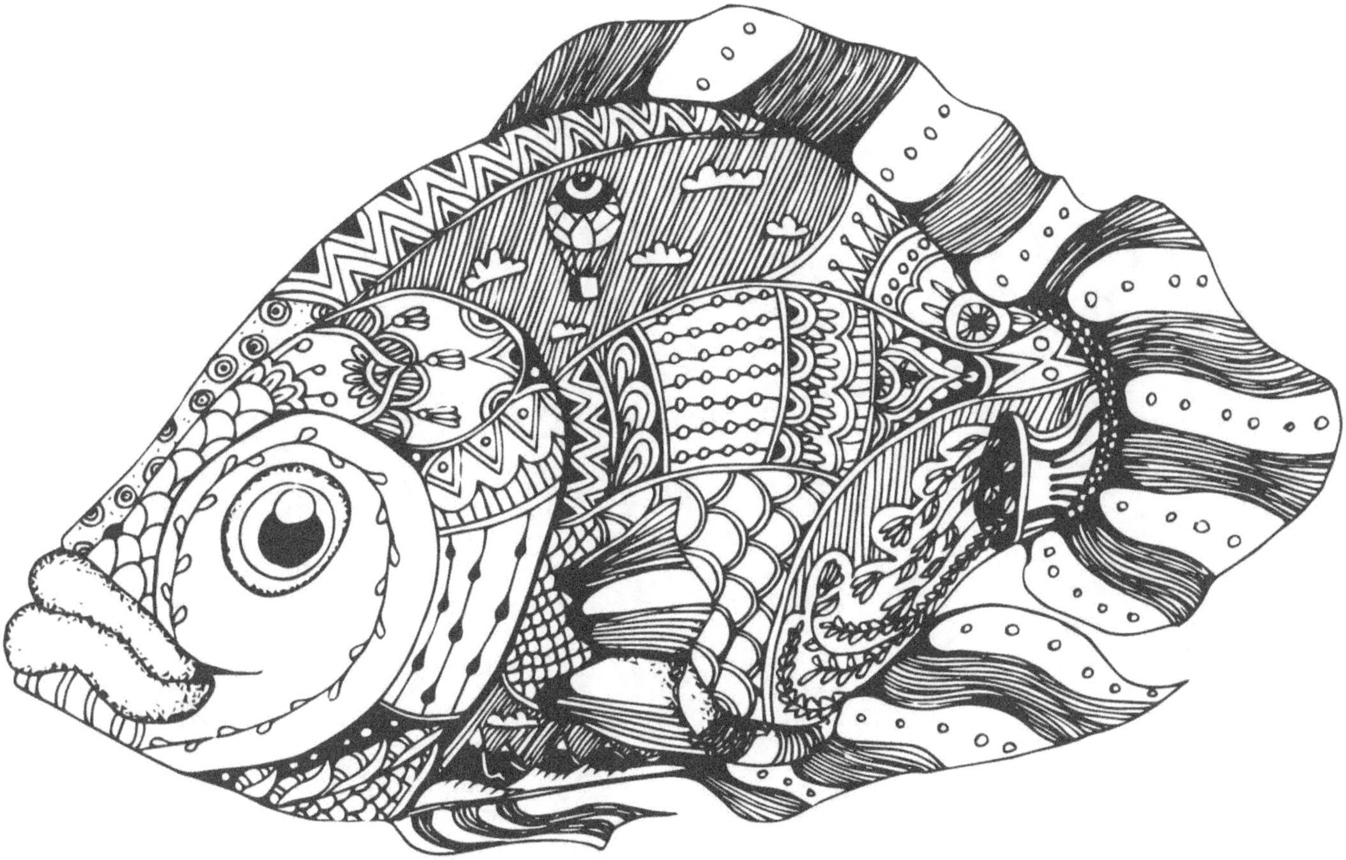

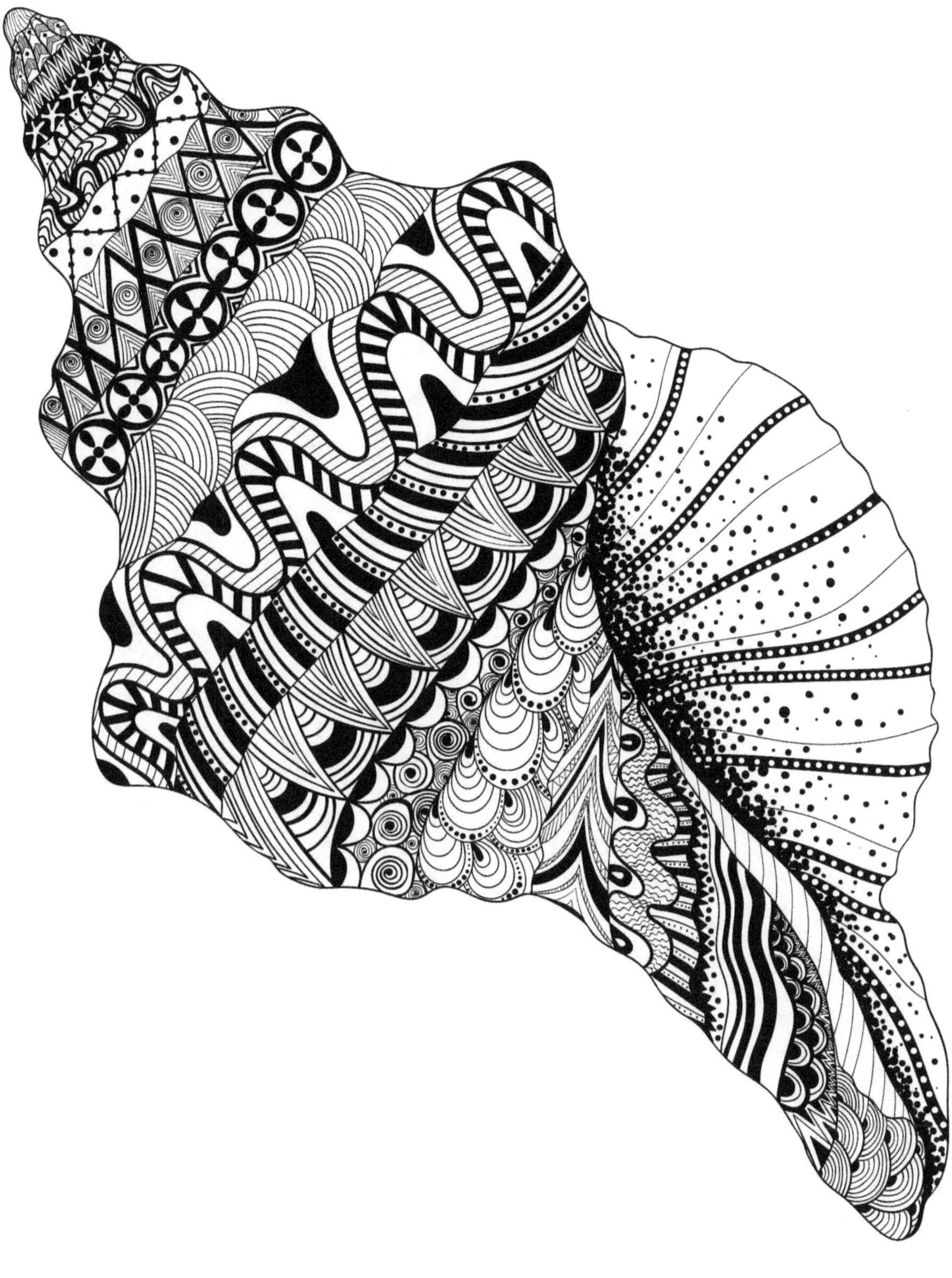

www.ingramcontent.com/pod-product-compliance
Lightning Source LLC
Chambersburg PA
CBHW081420080526
44589CB00016B/2616
* 9 7 8 1 7 7 3 8 0 0 5 1 6 *